TOKYO

teNeues

TOKYO

Photographs by Ben Simmons
Text by Lucille M. Craft

teNeues

Almost every great city has its defining piece of landscape. Plunk a TV reporter in front of the Kremlin, Big Ben or the White House, and no dateline is necessary. But finding a short-hand for Tokyo is about as easy as trying to chase noodles with one chopstick. Sure, there's the gracefully fading Imperial Palace, brooding within its black bass-infested moat, silent, forbidden and ignored by the swarms of sweaty joggers and fume-belching tractor-trailers detouring around it. Down the street is the smart red-brick Tokyo Station, which the national railway would dearly love to trade in for a nice steel-and-glass mall and which at any rate looks suspiciously like the old central railway station in Amsterdam, which in fact it happens to be modeled after. There is the Ginza shopping district, Japan's Fifth Avenue; thanks to Japan's curiously insatiable appetite for designer baubles, it has been annexed by the likes of Hermès and Dior. At any rate, Ginza was long ago upstaged by the funkier and leafier enclave of Harajuku and the teen-topia of Shibuya—and south, by Odaiba, as the city inexorably stretches amoeba-like into ever more of Tokyo Bay, filling it in to expand the precious supply of real estate and satisfy Japan's newfound desire for leisure.

The problem is, Tokyo's grey-flannel business districts and much of its cramped residential neighborhoods have that designed-by-committee feel. For a city of its size it is remarkably low-rise (the price of living in an earthquake belt) and reflects the mores of a society that still, to a large extent, sees virtue in conformism and Zen-inspired earth tones. The most obvious feature of Tokyo is its low-key sleekness, from landscape down to its often slavishly well-dressed inhabitants, whether Ginza matrons out for a ladies lunch, or ripped-jean Shibuya teens on the prowl. Foreign tourists are conspicuous in Tokyo not just for the usual reasons but because their invariably sensible wardrobes brand them, sartorially speaking, as an inferior species.

Preserving old architecture has never held much allure for the future-focused Japanese, so locating glimpses of tradition, such as temples or shrines hidden in the shadows of office blocks or on roofs, can be hard work. Life is cozier if you happen to be a techno-geek or among those who share the local infatuation with gee-whiz gadgetry. My personal nomination for Motif of Tokyo would be the giant flat panel board in Shibuya, its cutting-edge diodes endlessly beaming out the latest must-have widget to the hordes unwittingly bathed in its flickering glory below.

Lucille M. Craft

Fast jede Großstadt kann mit einer charakteristischen Landmarke aufwarten. Man stelle einen Fernsehreporter vor den Kreml, den Big Ben oder das Weiße Haus, und keine erklärende Bildunterschrift ist mehr vonnöten. Ein Symbol für Tokio zu finden ist dagegen ungefähr so einfach, wie Nudeln mit nur einem Stäbchen zu essen. Sicher, es gibt den auf elegante Weise verblassenden Kaiserpalast, der in seinem schwarzen, von Barschen bevölkerten Wassergraben brütet; still, verboten und ignoriert von den Schwärmen verschwitzter Jogger und Abgaswolken ausstoßender Traktoren, die ihn umkreisen. Die Straße hinunter findet man Tokios gepflegten Bahnhof aus rotem Backstein, den die nationale Eisenbahngesellschaft nur zu gern gegen eine hübsche Einkaufspassage aus Stahl und Glas eintauschen würde und der eine verdächtige Ähnlichkeit mit dem alten Bahnhof von Amsterdam aufweist – der tatsächlich als Modell diente. Dann wäre da die Einkaufsmeile Ginza, Japans Fifth Avenue. Dem sonderbar unstillbaren Appetit Japans nach Designerflitter ist es zu verdanken, dass sie von Hermès, Dior und ihresgleichen annektiert wurde. Auf jeden Fall haben bereits vor langer Zeit die funkigere und grünere Enklave Harajuku sowie das bei der Jugend beliebte Shibuya dem Stadtteil Ginza den Rang abgelaufen. Dasselbe gilt für das weiter südlich gelegene Odaiba, wo sich die Stadt unaufhaltsam und amöbengleich immer weiter in die Bucht von Tokio hinaus schiebt, die aufgefüllt wird, um den kostbaren Vorrat an Immobilien zu vergrößern und Japans neu entdecktes Verlangen nach Freizeiteinrichtungen zu befriedigen.

Das Problem ist: Tokios Geschäftsviertel und viele der beengten Wohngegenden vermitteln den Eindruck, im Einheitsstil erbaut zu sein. Für eine Stadt dieser Größe sind ihre Gebäude bemerkenswert niedrig gebaut (der Preis für ein Leben im Erdbebengürtel) und die Stadt reflektiert die Sitten einer Gesellschaft, die noch immer zum großen Teil ihr Heil in Konformismus und vom Zen inspirierten Erdtönen sucht. Auffälligstes Merkmal Tokios ist seine unaufdringliche Eleganz, von der Landschaft bis hin zu den oftmals geradezu sklavisch gut gekleideten Einwohnern, ganz gleich ob es sich um Ginza-Matronen beim Ladies-Lunch oder Shibuya-Teens mit eingerissenen Jeans auf Streifzug handelt. Touristen aus dem Ausland fallen in Tokio auf, und dies nicht nur aus den üblichen Gründen, sondern weil ihre ausnahmslos praktische Kleidung sie, bildlich gesprochen, zur minderwertigen Spezies abstempelt.

Die Erhaltung alter Architektur war für die zukunftsfixierten Japaner noch nie reizvoll. So kann es ausgesprochen schwierig sein, einen flüchtigen Blick auf Traditionen in Form von Tempeln oder Schreinen zu erhaschen, die im Schatten der Geschäftshäuser oder auf Dächern versteckt stehen. Das Leben ist angenehmer, wenn man selbst zur Gattung der Technikfreaks gehört oder die hiesige Vernarrtheit in verrückte technische Spielereien teilt. Mein persönlicher Favorit für das Tokiomotiv schlechthin wäre die riesige elektronische Werbetafel in Shibuya, deren Hightech-Leuchtdioden ohne Unterbrechung den in ihrem flackernden Schein badenden Horden die neuesten Geräte anpreisen, die man unbedingt besitzen muss.

Lucille M. Craft

Les grandes métropoles ont presque toutes un élément de leur paysage caractéristique. Mettez un reporter devant le Kremlin, le Big Ben ou la Maison Blanche et inutile de préciser où il se trouve. Par contre, trouver le symbole caractéristique de Tokyo semble presque aussi difficile que de manger des nouilles avec une seule baguette. Bien entendu, il y a le Palais Impérial qui a gracieusement perdu de son éclat. Il trône, silencieux, interdit, autour de ses sombres fossés infestés de perches et est ignoré par les nuées de coureurs à pied en sueur et les semi-remorques exhalant leur gaz d'échappement déviés tout autour. Plus bas dans cette avenue apparaît l'élégante gare de Tokyo en briques rouges que la compagnie nationale des chemins de fer échangerait volontiers contre un beau centre commercial tout en acier et en verre et qui, en tout cas, ressemble étrangement à l'ancienne gare centrale d'Amsterdam puisqu'elle s'avère être en fait une réplique de cette dernière. Il y a ensuite la zone commerciale de Ginza, la Cinquième Avenue japonaise, qui a été annexée par des Hermès, Dior et autres grâce à l'appétit curieusement insatiable des japonais pour les babioles « design ». Ginza a été de toute façon longuement éclipsé par les enclaves à la mode des quartiers boisés de Harajuku, par Shibuya, l'utopie des adolescents et, au sud, par Odaiba, au fur et à mesure que la ville s'est étendue inexorablement, telle une amibe, dans la baie de Tokyo sans cesse élargie, la remplissant davantage afin d'accroître l'offre précieuse d'immobiliers et de satisfaire les nouvelles attentes du Japon en matière de loisirs.

Le problème est que les quartiers d'affaires de Tokyo réservés aux cadres et la plupart des quartiers résidentiels exigus environnants donnent l'impression de se conformer à une mode établie par des comités. Pour une ville de cette taille, les habitations sont de hauteur limitée (le prix à payer de vivre dans une zone sismique) et la ville reflète les mœurs d'une société qui continue, dans une large mesure, d'associer vertu avec conformisme et tonalités terrestres inspirées par le Zen. La caractéristique la plus frappante de Tokyo est son allure trop soignée et discrète aussi bien pour le paysage que pour les habitants souvent servilement bien habillés ; qu'il s'agisse des mères de famille de Ginza sortant pour une soirée entre femmes ou bien des adolescents en jeans déchirés rôdant dans Shibuya. Les touristes étrangers attirent les regards non seulement pour les raisons habituelles, mais parce que leur garde-robe, invariablement pratique, les étiquette, vestimentairement parlant, comme une espèce inférieure.

Préserver l'architecture ancienne n'a jamais présenté beaucoup d'attrait pour les japonais orientés vers l'avenir. Dès lors, repérer des traces de la tradition telles que des temples ou lieux saints dans l'ombre des immeubles de bureaux ou sur les toits peut s'avérer une tâche difficile. La vie est plus commode s'il vous arrive d'être un maniaque de technologie ou de figurer parmi ceux qui partagent cet engouement pour la manie des gadgets. Mon choix comme motif pour représenter Tokyo serait plutôt l'écran publicitaire géant à Shibuya ; ses diodes tranchantes diffusant continuellement l'objet dernier cri qu'il faut absolument se procurer aux foules plus bas qui sont submergées involontairement par sa gloire vacillante.

Lucille M. Craft

Casi todas las grandes ciudades tienen su marca característica. Se coloca un reportero de televisión enfrente del Kremlin, del Big Ben o de la Casa Blanca y no es necesario poner un título. Pero encontrar un símbolo para Tokio es tan fácil como intentar coger la pasta con un sólo palito. Seguro, está el Palacio Imperial, elegantemente descolorido, incubando en su negra fosa repleta de percas; silencioso, prohibido e ignorado por las masas de corredores sudorosos y los humeantes tractores que pasan rodeándolo. Calle abajo se encuentra la refinada estación de Tokio de ladrillos rojos que a los ferrocarriles nacionales les encantaría cambiar por un bonito centro comercial de acero y vidrio; en todo caso, se parece sospechosamente a la vieja estación central de trenes de Amsterdam que, de hecho, sirvió como modelo. Está el barrio comercial de Ginza, la Quinta Avenida de Japón. Gracias al curioso apetito insaciable que Japón tiene por las chucherías de diseño, el barrio fue ocupado por Hermès, Dior y otros de su especie. En cualquier caso, a Ginza ya hace tiempo que le tomaron la delantera el enclave Harajuku, con más chispa y más verde, Shibuya, de moda entre la juventud y, al sur, Odaiba, donde la ciudad se estira como una ameba adentrándose imparablemente cada vez más en la Bahía de Tokio, rellenándola para ampliar la valiosa reserva de inmuebles y satisfacer el reencontrado deseo de tiempo de ocio de Japón.

El problema es que los barrios de negocios de Tokio y muchas de sus apretadas zonas residenciales dan la impresión de un diseño estandarizado. Para una ciudad de su tamaño, sus edificios son notablemente bajos (el precio de vivir en una zona sísmica). La ciudad refleja las costumbres de una sociedad que en gran medida todavía ve una virtud en el conformismo y los sonidos de la tierra inspirados por el zen. La característica más manifiesta de Tokio es su discreta pulcritud, desde el paisaje hasta sus habitantes a menudo esclavos de la elegancia, igual si se trata de matronas de Ginza en un almuerzo de damas o de jóvenes de Shibuya con los vaqueros rotos yendo de correrías. Los turistas extranjeros llaman la atención en Tokio, no solamente por los motivos de costumbre, sino porque su vestimenta siempre sensata les imprime un carácter -hablando del vestir- de especie inferior.

La conservación de la arquitectura antigua nunca tuvo mucho atractivo para los japoneses, con su punto de mira puesto en el futuro. Así, puede resultar difícil la tarea de atrapar imágenes fugaces de la tradición, como templos o cofres escondidos a la sombra de bloques de oficinas o en los tejados. La vida es más agradable si, casualmente, se es un apasionado de la técnica o se comparte la locura local por los chiflados divertimientos de la técnica. Personalmente, mi símbolo preferido para Tokio sería la gigantesca pantalla en Shibuya con sus diodos de alta tecnología promocionando ininterrumpidamente los últimos aparatos que uno debe tener mientras las masas se bañan involuntariamente en su oscilante luz.

Lucille M. Craft

Quasi tutte le grandi città hanno il loro tratto di paesaggio distintivo. Si metta un qualsiasi giornalista televisivo davanti al Cremlino, al Big Ben o alla Casa Bianca e non sarà necessaria altra indicazione. Trovare un simbolo per Tokio è invece quasi tanto semplice quanto mangiare la pasta con un solo bastoncino. Certo, a Tokio si trova il Palazzo Imperiale, che sta elegantemente perdendo il suo splendore, minaccioso nel suo nero fossato infestato da pesci persico, taciturno, proibito, ignorato dalla folla di coloro che, sudati, praticano il jogging, e da rimorchi di trattori che buttano fuori i gas di scarico circondandolo. Lungo la strada vi è l'elegante stazione di Tokio, costruita con mattoni, che le ferrovie nazionali scambierebbero volentieri per pagare un bel centro commerciale d'acciaio e vetro e che, in ogni caso, assomiglia sospettosamente alla vecchia stazione centrale di Amsterdam, che in effetti è servita da modello. Qui si trova inoltre il quartiere commerciale Ginza, o Fifth Avenue giapponese; grazie all'appetito curiosamente insaziabile dei giapponesi per i fronzoli firmati, il quartiere è stato occupato da quelli come Hermès e Dior. Comunque sia, tempo fa Ginza perse il suo prestigio e fu sorpassato dall'enclave più moderna e vivace di Harajuku e dai giovani di Shibuya, così come a sud da Odaiba, poiché la città si allunga inesorabilmente come un'ameba nella baia di Tokio, riempiendola, per espandere la preziosa offerta di immobili e soddisfare il ritrovato desiderio dei giapponesi di divertirsi.

Il problema è che i grigi quartieri commerciali di Tokio e gran parte della stretta zona residenziale danno la sensazione di essere stati progettati in serie. Per una città di quest'ordine di grandezza Tokio presenta edifici straordinariamente bassi (fa parte del prezzo da pagare per vivere in una zona sismica) e riflette i costumi di una società che vede la virtù nel conformismo e nell'attaccamento alla terra ispirato dallo Zen. La caratteristica più evidente di Tokio è la sua raffinatezza discreta, individuabile sia nella configurazione della città sia nei suoi abitanti, resi spesso schiavi del ben vestire, sia nelle matrone di Ginza, acconciate per il pranzo delle signore, che nei giovani di Shibuya in giro con i loro jeans stracciati. A Tokio gli stranieri saltano all'occhio non solo per le solite ragioni, ma anche perché il loro abbigliamento invariabilmente pratico li bolla – parlando, s'intende, in campo sartoriale – come fossero una specie inferiore.

La protezione dell'architettura d'altri tempi non ha mai rappresentato una grande attrattiva per il giapponese volto verso il futuro. Per questo individuare fugaci momenti di tradizione – come templi o luoghi sacri nascosti all'ombra dei blocchi di uffici o sui tetti – si rivela essere un duro lavoro. La vita è più piacevole se ti capita di essere un patito della tecnica o di trovarti fra coloro che condividono la locale infatuazione per gli ingegnosi congegni tecnici. La mia personale designazione a "motivo di Tokio" andrebbe al piatto pannello pubblicitario gigante a Shibuya, con i suoi diodi altamente tecnologici che illuminano ininterrottamente gli ultimi ritrovati della tecnica – da possedere ad ogni costo – per le orde che inconsciamente si nutrono della sua gloria luccicante.

Lucille M. Craft

9

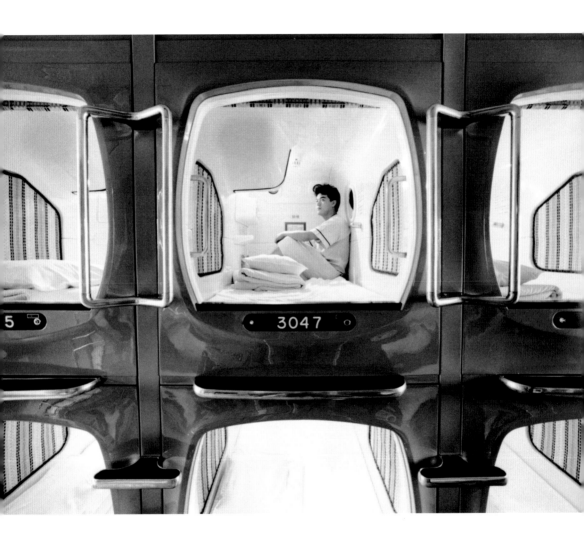

Directory   Verzeichnis   Table des matières   Directorio   Indice delle materie

Front cover: Sumida River, View from Downtown to Tokyo Bay
Back cover: Tour Bus, Asakusa District

Photographs © 2003 Ben Simmons
© 2003 teNeues Verlag GmbH + Co. KG, Kempen
All rights reserved.

Photographs by Ben Simmons, Tokyo
Design by Eva Reuters, teNeues Verlag
Introduction by Lucille M. Craft, Tokyo
Translation by Dr. Sabine Werner-Birkenbach, Mainz
Elke Franz-Gaisser (German)
Christine Cavrenne (French)
Moira Paleari (Italian)
Gemma Correa-Buján (Spanish)
Editorial coordination by Sabine Würfel, teNeues Verlag
Production by Alwine Krebber, teNeues Verlag
Color separation by Medien Team-Vreden, Germany

Bibliographic information published by Die Deutsche Bibliothek. Die Deutsche Bibliothek lists this publication in the Deutsche Nationalbibliographie; detailed bibliographic data is available in the Internet at http://dnb.ddb.de

ISBN 3-8238-4528-4

Printed in Italy

Published by teNeues Publishing Group

teNeues Book Division
Kaistraße 18
40221 Düsseldorf
Germany
Phone: 0049-(0)211-99 45 97-0
Fax: 0049-(0)211-99 45 97-40
e-mail: books@teneues.de
Press department: arehn@teneues.de
Phone: 0049-(0) 2152-916-202

teNeues Publishing Company
16 West 22nd Street
New York, N.Y. 10010
USA
Phone: 001-212-627-9090
Fax: 001-212-627-9511

teNeues Publishing UK Ltd.
P. O. Box 402
West Byfleet
KT14 7ZF
Great Britain
Phone: 0044-1932-403509
Fax: 0044-1932-403514

teNeues France S.A.R.L.
140, rue de la Croix Nivert
75015 Paris
France
Phone: 0033-1 55 76 62 05
Fax: 0033-1 55 76 64 19

www.teneues.com

teNeues Publishing Group
Kempen
Düsseldorf
London
New York
Paris

teNeues